Kindermund
tut Asche kund

Philipp von Bose

Kindermund tut Asche kund

Philipp von Bose

Bibliografische Information der Deutschen Nationalbibliothek: Die Deutsche Nationalbibliothek verzeichnet diese Publikation in der Deutschen Nationalbibliografie; detaillierte bibliografische Daten sind im Internet über dnb.dnb.de abrufbar.

Herstellung: BoD – Books on Demand, Norderstedt

ISBN: 9783754313787

Inhalt

I Contact Improvisation

*

"Contact Improvisation(kurz:CI oder Contact Impro) ist ein zeitgenössischer Tanzstil, bei dem es um die aktive Entdeckung aller Bewegungsmöglichkeiten geht, die zwei oder mehr menschliche Körper ausführen können".

Rotlicht

nach außen: nur in bunten *federn*
beherrsche dunklen lippendrang -
flüsternd nebem *schlachthaus* steh'n / an
unsichtbaren ärmeln zieh'n... etwas (in mir)

stirbt zuerst, die
hoffnung doch zuletzt.
trotz moderner

„sicherheit" hier das
tagesangebot: brich mir meine (finger)spitzen
ab -
ist das rot nur nagellack (?)

etwas brodelt temporär: altbekannt & nie
ersehnt
infernales kabarett, dort wo
grenzen wellen schlagen und ich
stehend (immer schon) lieg

Auf- und abgehende Frau

ihre blicke: mitgefühl,
vielleicht ein zählen meiner sinne;
     (zu) seh'n, ob ich verstümmelt bin.

ich bin ihr lid- und augenschatten,
der taumelnd auf der strecke bleibt.

nie ein maß, doch stets verknüpft:
  wie das haar auf meinem kopf,
  das hält, was längst zersprang & meine haut
  vor kälte schützt.

die weite kann ich nicht mehr seh'n,
nur das licht der anderen...
mir ist dunkel,
mein herz verlangt nach einem ort
                nach (noch) einem gleichen
schritt
                nach (einem) rütteln,
niederschlagen
                nach einem...nach...
                nach...

noch...
      ein schritt...

Ausstellung

diese gabe einzufang'n, was
dort blüht im zeitstillstand -
      bewundern der
      fürimmerblasen;
      blitze formen schneisen

das produkt ist wahr
      (ganz) anders als erlebt,
das betrachten weicht und
      ist es nicht.

ein moment im stillen – ein bruchteil,
trotz unendlichkeit / verwandtschaft mit
den staffelein und der *farbbefleckten* hand,
die aufgehängt an wänden ruft.

hier ist kein platz für fantasie nur für
(den wahren) augenblick...unbefleckten
augenblick...dem abbild schenk ich
mein vertrauen und gebe mich der *linse* hin.

Fadenschein

ja! wir lieben dieses rein und raus,
dieses stehend weiterführ'n.
durch fremden geist: nur der
schwere stoff zeigt an, wann uns
eine pausenzeit -

                lächelnd noch -

zum schweigen drückt.

endlich! ja, endlich, sagt der liebe gott
uns die nächsten künste an -
oh, wie die geräusche klingen -
hier wird greifbar nah gespuckt!

tonverborgen das gesicht, so
wie sich respekt gehört -
            was die *show* betrifft,
            geh'n wir niemals
kompromisse ein.

die fäden kann ich kaum noch
spürn – sie zeigen meine intention,
            dem da oben zuzuhör'n... (flüsternd:
vielleicht möcht ich dazugehör'n)

nach dem abgang rauschen wir.

sterne wechseln rampenlicht -
            krieg ich eine unterschrift?

Anruf

der gleiche (tote)winkelstuhl
geschunden, wie ein fühlendes ich.
tapete löst, asbest befreit – ob allein
die atmung reicht? schwer fallen pillendosen,
leer wie vasen ohne staub.
knospenschimmel!
trägt mich keiner durch die tür – irreführend
steht die frage ob und wird und falls
und doch / nichts dreht, zerschlägt die uhr und
andere (körper)teile:
schon darauf eingestellt – letzte zielgerade...
führt denn keiner mich (hier) an?
soll ich es ganz alleine tun?
gib mir einen grund – mehr als grundloses
(nichts)wollen.
was wiegt mehr als eine mahnung? was wiegt
mehr als der mich beschwörende impuls?
ein telefon vielleicht:
neben (jenseits)papyrus und
(spielzeug)fossilien
ruft es mich zum rufen an.
tastendruck / himmelschören gleich-
gültig heb ich ab
-alles längst bereit / schon informiert -
werd ich nach drei sekunden auferstehen?

„beachten sie die öffnungszeiten."

tut...tut...tut...

(kein Titel)

die brust fällt,
die brust steigt.
sauer ist der
sauerstoff und die
atmung will
nicht recht: ur-
altes flügelklappern,
müllbehälter
und der (räum-
liche) rest schmelzen,
oder bröckeln in-
und miteinander:
luft staut still...
insektenkissen / pelz-
mäntelfrüchte.
kokon: metamorphose
bleibt aus.
flügel und blumen
verbrannt,
zigaretten markiert.
(kleider)hüllenhaut
durch fremdes belebt -
bietet mehr
(an) als das innerste.

ich sehe nichts -
augen offen oder zu.
kein (bewegungs)
drang. finger
tropfen sekret,
mund hält
dreck in sich. geißeln
möchte ich (nicht).
wo ist der -
unterschied? die pumpe
liegt schwer unter
zusätzlichen mengen...
wenn sie aufhört
ändert es nichts.

Biophobie

tote winkel schneiden (mein) sichtbares
schade ist es nicht - justitia
sieht selbst blind zu viel.
auf schwarze zettel
schreibe ich mit schwarzer tinte.
      bin doch nur ein kleines rad
      fühl mich wohl in meinem eck;

      masochistisches vergnügen.

setze meine (dr)unterschrift...

stöpsel in den ohren: herrliche kakofonie
              herrliche bestrahlung,
              während ich unsichtbare
ziffern schreib.

nur eines regt die unterwelt: die neuliche
veränderung:

nun ist meine perfekte zelle nicht die einzige.

nun tragen wir namensschilder,
      dabei bin ich (längst) namenlos.

nun fragen leute fragen
verärgert frage ich mich dann,
        warum fragen die so viel.

nun sehe ich jeden tag
ihren (freundlichen) gorgonenblick.

nun sprüht gift und schund aus ihrem mund -
        (keim)verseuchtes
kolloquium.

so leg ich mich
im großen block
auf meine harte blockmatraze
nicht einmal der deckenblick
nicht einmal das kalte grau
kann mir nehmen, was längst ist: angst vor
dem lebendigen
        angst:

das schwarz ist weiß befleckt

zum trost: das alte spiel
nicht gejagt
nur (gut) bezahlt

da regt sich was, es steigt und streckt -
missionarisch gut versteckt / mechanisch und
(zeit)effektiv

                    bin ich nun ein
(ganzer) mann?

dem aufbruch folgt die scham und der dreck
greift haut und glieder an.

zuerst schraub (ich) sie ab
       die fragwürdigen, die seltsamen objekte.
dann das wasser kochend heiß – brennt so das
gesunde weg.

tief atme ich den hautdampf ein – diesmal
schaff ich es, diesmal schaffe ich mich ab.
sinnverbundene strukturen sind als nächstes an
der reihe.

das hölzerne, antike pferd – ich gebe den
tempel nun züruck / der schmutz
beginnt in mir...
mut gefunden: auslöschung

unbefleckt
fließe ich davon -

eins mit allem was nicht ist.

Heiligen Schein

elend hockt ein faulgestank zwischen
schwarzem flügelschlag
        (wie) schade nur, dass er nicht fliegt -
er wird wohl immer schattig sein
wie die meisten unter mir.

hinter seinem schimmelpilz
sehe ich kranke fahnen wehen und
rieche die *sünde* schon von hier.

mein strenger blick nur gut gemeint:
        er muss in eine richtung gehn -
           ob über wasser nützlich sein,
                oder subterran die wurzeln zähl'n...

(es ist mir gleich)

II Den Träumen entstiegen /
in Gedanken versunken

*Zwielicht:

Substantiv, Neutrum[das]

1a.

Dämmerlicht (in dem die Umrisse von etwas
Entfernterem nicht mehr genau zu erkennen sind)

1b.

Licht, das durch Mischung von natürlichem
dämmrigem und künstlichem Licht entsteht

"im, bei Zwielicht zu lesen ist schlecht für die
Augen"

Zusammen allein

bäume
im nebel versunken –
von hier
sind (die) äpfel unsichtbar.

aß doch längst die verbotene
frucht...
im exil stehe ich vor dunkler form
und vergesse nun mehr
das sonnige.

erinnere dich:

licht hat deine haut gewärmt.
zweige gaben dir ihr obst.
du sahst die früchte alter sünde,
konntest ihnen nie entsagen.

jetzt hat liebe platz gemacht
und dank vieler unserer
bösen wörter
wächst nun ein baum voll hass,

der unter gefallenen wolken steht.

Selbstportrait

wenn die glocke drei mal schlägt,
dann seh' ich deine silhouette,
meilenweit
entfernt von mir.

die unschuld stirbt
beim vierten schlag, doch
das ende ist es nicht, es ist nicht (das ende).

Eine große Menge, eine...

stimme sucht bekanntes flirren / braucht keine
augen um zu seh'n...strebt verwandtschaft
ohne sinne an / sprache aus dem innersten

„ein echo...ja, das wäre schön...ein echo oder
wiederhall...“ -

wann ereilt wohl *mundverfall* (?)

um den sich die symbole dreh'n
     der gefürchtet & vergessen steht -

ein schrein inmitten der kultur -
kein (streng) entferntes gottesbild,
nur anerkennung unter uns

jeder (stirbt und) ruft.

Gewohntes oder Schlimmeres

entrückt stehst du vor mir:
wund geputzte finger.

dein ton trifft
frust verstanden...
du entgleitest, meine stille schreit:

keine warnung
vor dem (alten) frost-

gesicht. (d)ein lächeln
täuscht.

ahnungslos sind meine patzer -
vielleicht hilft der aktive schrei,

vielleicht formulierung und gewalt -
lieber nicht...

du bist ja alles /
etwas bleibt (übrig)
ein fehler beleuchtet -
                              lichtschalter

komm ich deck dich zu...

Nocturne

zwischen nacht und traum erhebt
sich ein blick, der vor und nach (selbst)
erbauten riesen steht.
wankelmütiges verweilen
          kindheitsbilder -
verwischt
nie verschwunden -

deren blick den einen trifft, vergrabenes
besieht: hekatisch krallt sich das erlebte
fest...
fest an götterbeinen und anderem gerippe.
        realität ist nicht licht (?) / hoffnung:
        sie wagt es aus dem (traum)dunst

zu kriechen, mir zu flüstern alle nächte
lang (?) geröll und fantasie-

erbautes auf geliebten knochen / nie gewinn...
stunden und wolken
            entgleisen endlich

ohnmacht und ein kühler wind

Selbstportrait II

ihr uterus trägt eierschal'n,
ihre brüste geben schwarze milch –

nur ihr gesang
dringt zu mir hin.

um den hals sind jene herzen, die
zu lange in das auge sahen
und jetzt nur noch

knochen sind.

ich wünsche mir ihre
dornenhaut – nun bin ich
doch ihr kind.

Warum

bin ich lauter als ich rufe?
ist es nur das narbengras
das die hände stumpf erstickt...
pflanzte ich es selber an? –

samen aus dem spinnenschrank,
die schon wohl geordnet waren,
als es mich (noch) nicht gab

haben (himmels)richtungen sie
so gelegt? -

warum...
warum ist äußerliches einverstanden
und (mein) nicken nur idyllbewegt?

manchmal klopf
ich gegen moos

manchmal: schrei
ins innere,
doch das nicken bleibt
beständig und ich frage mich...
ich frage mich...

Wir (ohne Ich)?

angehör'n dem kollektiv,
dennoch:
einzelwesen – affirmiert.
viel gerede, keine haltung.
und die *freiheit?*
hält nicht *freiheit* uns gefangen?

wo ist stille, die gedanken fasst?

die stille, wir fürchten sie und deshalb,
reden und reden und reden wir,
unablässig immer weiter,
obwohl wir nichts zu sagen haben.
(wissen wir, was wir beten sollen?)
jedes wort – gleich (un)wichtig.
wer ist der lauteste?

mehr schein, als sein!
DAS ist die devise,
DAS ist unser motto,
DAS schafft zusammenhalt.
alle wollen wir nur EINS:
geliebt werden!

so also:
helfen wir nicht um zu helfen,
sondern um geliebt zu werden!

andererseits:
wenn's nicht klappt, wissen wir:
gute absichten,
hab's versucht,
die absicht zählt, nicht wahr?

nachts dann sitzen in den zellen,
stieren in die röhre,
blaues lichtgeflimmer.
sind das unsere sterne,
ganz aus plastik?
ach,
wären wir wie sie!

sind wir doch,
bei soviel gleichheit.
und wo bleibt die liebe,
bei so vielen gleichen einzelwesen?

alle sind wir gleich.
und ich?
wer bin dann ICH

(ein) Ort des Schaffens

„jugendzeit",
besagt unterschätzend das metall.

ein stuhl ein tisch ein fernes licht
nur im winkel der vergangenheit -
ein ort an dem die seiten brennen,
ist doch längst die tinte leer.

in besagter räumlichkeit
stürzen verse durch beton – werden (doch)
                niemals abgestaubt
                wozu auch?

so viel holz im alten blick / ein
körper der noch immer heizt & mit
kalter hand gezeiten schreibt

der stuhl ist leer...

Schaf im Wolfspelz

ein versuch an jedem ufer – ob
mondschein oder sonnenglüh'n -
neu gefundenes ertragen
unterschätzter (seelen)prügel. wie

man weiß: es führt den täter
an den ort der tat zurück – auch das *opfer*...
erwartungsvoll dazwischen steh'n:

wundern
wann die flut wohl kommt
wann die steinigung beginnt

(doch) das atemlose schweben
bleibt ohne wind, nur etwas kühl.
gesichtsbefremdet hoffend / fürchtend
starr und schweig ich löcher

in die luft – erklimme nur bekannte
berge mit
        satten wiesen und bäumen,
die auch früchte tragen.

tagzerstörer neben mir:
sitzen ab und singen
mir wohl bekannte bildungshymnen
aus alter zeit – (ich bin) noch
nicht musikbereit.

am *steinsee* ist es schön mit
sonnenerosion gespiegelt, doch

nur ich sehe mich unter wasser
nur ich sehe das kinderleiden -

ein ruf an alte
leichen

Die Schaukel auf dem Hügel

initialen an der wand – du weißt schon
bei den blechgaragendächern,
die wir sammelten /
sterne auf denen wir saßen

amouröse versprechen
und jagd nach meinen ersten malen
                              nackt im gras:
wiesensonnenstaubgeruch
                              oder um's feuer
auf dem (großen) berg:

knisternde gebärdensprache.

wir waren keine kinder / wir standen zwischen
kain und abel...
angeblich ausgetriebenes
hielt uns dann
noch mehr gefangen

frei und willig – wir stutzten unsere
(lungen)flügel
kichernd schwebend - fliegen wollten wir noch
nicht.

ambitioniertes sofasitzen, jugendziele
generell: verbrannte erde
im frühling unseres lebens,
auf-und miteinander: feuerböden.

ungehemmte (kratz)spuren

auf den flächenlosen tisch
tropfte der bikini und

plötzlich hörte das tropfen auf und
plötzlich ging auch die musik und
plötzlich hatte keiner zeit...

jetzt lege ich mich früher schlafen und
schreibe im präteritum.

III Glut auf der Zunge

* *"Mancher Mensch hat ein großes Feuer in seiner Seele, und niemand kommt, um sich daran zu wärmen."*

  - Vincent van Gogh

Frühling

die luft ist klar, doch atemlos...
wolkenzüge werfen schatten & alles schwillt
im größten maß, während

zweige sich dem ende neigen,
ungeborenes auf die gleiße stoßen -
des jahres dumpfste entropie, nur

durch längst vergangenen schnee
durch das letzte große welken
nur
durch schwarze apfelblüten.

es wird so, wie es werden muss.
der schmerz scheint mir der ohnmacht nah
und mein herz noch eingehüllt.

Längst entschieden

ich schreie tote vögel an -
ein umstand, der entrückt
niemals neue tage grüßt...
am himmel: stillstand schwarzer wolle,

die kalt verweilt & sich in schweren tropfen
unverwandt zur erde bückt.

ich schreie tote vögel an, die
noch immer federn lassen,
wie oft sie auch von bäumen fielen
wie oft schon tot durch meine hand...

ich schweige tote vögel an

Sommerwein

kälte schneidet mein gesicht,
ein gesicht,
das verloren, blutarm in sich fällt,
doch es bleibt die eine schicht,
die gewohnte rollen spielt.
(keiner darf den vorhang teil'n
            oder die kostüme seh'n!)

so begegne ich
mit strengem blick
dem der schwer im schatten kriecht...
dem der mir so ähnlich sieht und
doch nicht meines gleichen ist.

lass mich spielen & entzweien
lass mich durch die wände gehen
und jeden dieser räume füll'n...
lass uns leicht zusammen sein!
sicher werden sie verzeihen!
sie spüren die notwendigkeit!

mein blick verliert sich im beton,
        schweift hin zum gewohnten eis,
das dunkelblau die wände friert,
        die bühne schon beinah berührt...
„lass es wieder sommer sein!"

Kannst du ohne Ängste leben?

unter dieser narbenhaut
die fremd umschließt
was taub längst ist
liegt die schwere fülle tief.

die alte frage tut sich auf:
war der schmerz als erstes da?
ebnete er von innen raus
vielleicht dem gift nur seinen weg?
ließ den eindringling passieren?

mein bauch streckt sich noch
weiterhin – wie lang trage ich das
unglück schon...

der gedanke nur
es zu gebären...
ich fürchte mich
ich fürchte mich
vor leere & erleichterung

Schmerz

nichts...es gibt nichts, was
die idee erhellt
nichts, was hier
noch weitergeht / schleicht / verbrennt
    noch etwas sieht...keine gnade dem
            der liebt.

vergraben ist das wechselbalg,
zerschmettert dieses kuckucksei…

dieses bleibt (nur) der erste schritt...
(*versprich mir, dass sich alles lohnt...*)

An vermeintliche Täter

meine hände
fühlten dich zuerst
längst vor meinem kohleherz...
wie oft hat es uns schon verbrannt?

zitternd vor deinen füßen...
von oben herab / auf lauer liegen
dein körper soll
die wunden schließen, die von einem
anderen *du*
mir zugefügt.

welche haut auch dicker ist,
deine nägel finden nichts,
lassen nur ein loch zurück,
das vom blut verlassen ist.

Was entfacht, verglimmt

trost: *fleischgebunden.*
dunkle flecken / rote stufen
dem verfallen, das verfault
(uhren schmelzen gräbertief),
nur in jüngsten zeiten glüht.

mich umtreiben muttermale,
die in ihrer nacht
mich zu sich zieh'n

formlos mich beinah berühr'n.

stoff bewegt
durch letzten wind.
traumversunken
haut: gespannt -
perlenschweiß, der ihr entspringt,
im fieberwahn die laken tränkt.

Schmerz II

mir ist kalt
das blut trägt schwer – kein erblü'n
                           nur wintertraum.

feldzug der erinnerung
wechselt sich mit leere ab…
am ölberg schläft die liebe ein

(keiner schreit & keiner sieht)

Schiffbrüchig

aus dem traum -
erinnerung!

plötzlich weicht
der (gewohnte) schleier:
selbst entstellte herzruinen

fern von jeder jahreszeit /
fern von jeder intention

„ich wollte doch nur *der beste* sein..." -
erwachen ohne haut
zwischen ich und du gestrandet. verloren oder
klares ziel?

ein tiefer blick beginnt -
        geprügelt torkelt licht umher
        woher, wohin

Streit

meine zunge bläht sich gellend auf
während ich aus trümmern schau / keine

zeiten sehe – viergeteilte blicknatur

plötzlich gibt der (alte & gewohnte) stress
komfort

interessante spiegelung...bin wohl schon

ein alter fleck / ich-entfernter *kaugummi*
an diesen neuen weißen schuh'n.

verschone mich mit wut!
ignorier mein selbst - mit leid!

eine vase geht zu bruch...
ob die blumen wohl verweilen?...

Schmerz III

sucht nach dünnem stoff & fremdensog -
keine spur der besserung, nur das
leuchten einer nacht, die (wieder)
schnell & süß durch betten führt.

zuerst war da die hausvision…
nun betrüge ich einen geist

Zorn

verächtlich schrumpfen deine züge
        wachsen doch in der gefahr,
die von abgehackten stümpfen geht,
mir erzählt
wer hier einst war.

dieses *du* erscheint,
fällt pechbefleckt
vom glauben ab:

aus farben werden nadeln
aus körnersand das schwarze glas
(es spiegelt dich & hält dir stand).

flirren, glühen, zucken
nord und ost und süd und west...
durch den zorn: der himmel bricht -
unscheinbares fest im griff.

auf benzingetränkten stufen
ruft ihn dieses rote rauschen,
das seine hand entgleiten lässt...

es sterben weder er noch du.

Innenleben

tatort: kirchentrümmer, sonnenstrahlen -
unheiliges im rechten licht, wie
schnell & schwer die luft hier sinkt.

nur das gute bleibt versteckt -
im baumhaus, hinter buntem glas
schmerzt die ihm getaufte narbe.

über allem: kinderhaar,
das noch nicht vom (höheren)
sinn befleckt.

doch die luft sinkt weiterhin
    glockenschläge wie sirenen
„oh herr, schlag diesen baum hier nieder!
 er soll uns sein als feuerholz!"

und sie singen alte lieder,
während kinderhaar vor dir ergraut.

Schmerz IV

ein satz,
der kühl
die wolken bricht
ohne sich noch selbst zu seh'n.

vermeintlich ist die schuld verdeckt,
doch das licht strömt blutend hin...
hin zu dem, was nachts mir fehlt.

wasch das herz bloß nicht zu lang,
sonst wird noch die seife schwarz...

(un)schuldig bricht dein spiegelbild /
schwer wiegt deine ehrlichkeit.

Schatten

willst du nicht die würmer nennen,
die an deiner statik zehren?

es kriecht & wühlt unter der haut -
der abgrund klafft im hinterkopf.

zum glück
zeigt dir dein spiegel bloß,
was von vorn zu sehen ist,
was dir ruh des nachtens gibt...

dein körper fault doch weiterhin,
zeigt dir mehr mit jedem schritt,
dass du die kellerleiche bist.

Schmerz V

verdreht…
den kopf hast du mir mal verdreht
mit unverwandtem lebensglück,
das auf's stärkste
in mir funken schlug – offener mund.

über diese nächste zeit
nähten wir uns beide zu -
das wichtigste war immer nur,
wer von uns berechtigt schwieg.

dein skrupelloses fadenreißen
lies mich jetzt zum anfang gehen

lippenlos…
lippenlos ist mein gesicht.

Verfallsdatum

stürm die barrikaden ruhig!
lass deinen schrei
die nacht verbrennen -
unter dem gerechten licht,
das dich führt zum größeren...

es bewegt mich nicht...
es bewegt mich nicht!

da ich weiß
wie vergänglich jede gute tat
im rahmen eines *fotos* ist
und du mit ihr...(verstaubt) auf einem
schrank...ein

souvenir der *guten* zeit...ich muss
nichts tun – das bild wird fallen /
(weise) bücher werden asche sein.

Toter Winkel

verkrampft, verschnürt,
völlig frei
im freien fall.
unbewegt

                mit

dem knebel,
den ich kannte
dem knebel,
den ich „knebel" nannte

                    mit

den ketten,
die ich legte

                mit

den lügen,
die ich (eisern) lebte
die mich in versuchung führen
noch so viel mehr
im leid zu rühren...

mich zu binden & zu stopfen
mich im *glanze* zu verlieren
(sirenenhafte fesselkunst)

immer and're im verdacht -
nahm mir selbst die glieder ab.
blieb das monster meines traums

mit

schlaf, den ich mir selber raub
steh ich der idee im weg…

der idee vom „ich"
von mir für mich
kein licht berührt.
nur ein flöckchen staub,
das mich zum gewohnten führt.

ich atme,
was von mir noch ist.

Selbstgespräch, anfangs aufgeregt

vergiss!
was zu vergessen ist
vertreib!
was dir den morgen bringt

es ist kein mensch
in menschlichkeit.
es ist der mensch,
trotz hoffnungen.

fiktiv
die großen sommerwiesen,
die brach und kühl und einsam liegen -
selbst die eigene illusion
verlässt dich ohne (gute) intention.

ein vater-unser für das herz
ein rosenkranz für jeden zahn.

durch geraubtes augenlicht
wird dir deine blindheit klar,
die du für optimismus nahmst.

nun wirst du für tot erklärt
nun bist du in sicherheit -
      nie warst du
      dem wahrem treu,
      nie warst du
      so unbeschrieben.

Selbst mit Leid

ich verspreche, dieses mal, dieses mal ist das letzte
mal, das echte mal, dieses mal bin ich schlau, dieses
mal...nein, ich werde euch nicht enttäuschen...ganz
bestimmt nicht dieses mal.

dieses mal: schenk ein! zieh auf! zünd an! lass mich!
mach schnell! gib ab! gib her! geh weg!
jetzt!

wann war das nochmal?...war ich nicht?...wir sind doch?...
wir wollten?...maden

stehen mir jetzt zu
kriechen unter
fallen auf. veruntreue
selbst, wert, gefühl. bin nur zweifel,
am leben, zweifelhaft am leben...
haft, zweifel, selbst mit leid.
hab nix, bin nix, würde nie
meinem rausch entsagen
habe ja sonst nix, nur
noch dieses eine
mal

IV Reflektierte Hoffnungen

*Reflexion:

1.

   das Zurückgeworfenwerden von Licht, Schall,
   Wärme o. Ä. (durch etwas)
"die Reflexion des Lichts an einer spiegelnden
Fläche"

1.2.

das Nachdenken; Überlegung, Betrachtung, die
jemand an etwas knüpft
"Reflexionen [über etwas] anstellen"

Gedanken zur Liebe

ich weiß, ich weiß...
vertraute äste fallen tief,
alsbald der wind an (gesichts)zügen zerrt,
zerstreut entzwei(g)t, an haaren zieht.

ich weiß, ich weiß:
verlangen setzt das (augen)licht voraus,
das beleuchtet & bezwingt, was
vorher unsere körper (zurück)hielt.

ich weiß, ich weiß!
vergossene tränen führen
tief, noch tiefer gehend,
zum tiefsten schwarzen fleck zurück.

ich weiß, dass nichts mehr übrig
bleibt, sobald der wind den (verwandten) ruf
verschlingt und final das aug' versiegt.

ich weiß und trotzdem

        will ich noch...

Bewegung, angedeutet

wie ein reden ohne meinen
schnürt mein herz den ersten blick
verpackt ihn fein mit indigo
und weiß noch vor dem ersten schritt,
dass alles so vergänglich ist.
ohne es zu ernst zu meinen
wie ein reden ohne...

sinn. nicht den einen
      nicht den anderen.
zwei liebende,
die sich verstehen
sich mustern und natürlich ausversehen
im rahmen all der haut & flächen
beginnen sich zu interessieren
für den tief versteckten sinn
            den einen und
            den anderen.

Jugend

vereinzelt huschen kleine lichter
über das entfernte dach -
                        anfang dieser
sommernacht - und
geben flackernd die erleuchtung frei,

die täuscht durch ihre einfachheit / niemals
ganz zu fassen ist.

von innen treibt der

zeitvertrag

Reflexion

lass es asche regnen!
lass die ersten gläser fallen!
nimm keine rücksicht auf mein
(kindheits)ich...

zeig mir ruhig den alten weg,
zeig mir diese (toten) rufe,
  die längst von dir
  gemahlen wurden.

ein kegellicht beleuchtet sie,
   macht mir klar
   wie alles war & führt
   doch meine hand zu dir.

vergangen ist vergangen...
bring mich jetzt zum weißen schnee

Gedanken zur Unnachgiebigkeit

offen steht das kellerfenster,
gespannt davor das fliegennetz,
  das unter'm wind gelitten hat,
  doch sich im rahm'n der formen hält – nach

draußen ist kein weg zu seh'n,
alsbald jedoch das auge ruht,
  kann ich in mich, in's *früher* seh'n:

wie steigen träume hoch hinaus, wenn
steingeröll aufs herz mir fällt & erdachtes
längst gedacht schon ist.

wie verstreichen diese (kleinen) tage, wenn
das jetzt und der moment, doch nur im
licht von gestern ist...
        ich der mensch von vorher bin.

wie suche und versuche ich, wenn
stumpfheit einer krankheit gleich, schamlos
meine tür befällt, die (nur) ungewiss zum
nächsten führt.

ich atme still das schwere aus und
spüre (stumm), was mich atmen lässt:

das jedes atmen leben ist.

Götterfunken

wie ich hier sitze
im kreise meiner
inneren blitze
und spüre mich wo angekommen -

wo berge lichter seh'n
folgsam dann mit großem krach
vergeblich neu sich strukturier'n.

zu wissen, wo ihr dunkles hält,
        was fern der eigenen (&aller) täler
liegt,
        was hinter den gedanken steht.

babelartig steigen gipfel
dieser alten riesen hoch.

berühren fast,
was niemals war,
doch im zwielicht immer ist -
die bedeutung jenes freien raums.

mit ihnen möchte ich verweilen /
                    erschaffen meine
dämmerung.

Nur eine Straße

dort! ja dort...siehst du nicht den
kohleschuppen,
das abermals erbaute und die bezeichnende
verlassenheit?

dort. ja dort...wo träume friedlich grasen,
rost und wald sich treffen,
wo keiner einen kennt,
doch jeder alles weiß.

wo steht was kindheit (wirklich) heißt?
kleine zeit im großen haus:

bläulich sickert morgenlicht
zwischen dielen und dem alten stein.

wärmeecken trösten,
schnäbel halten feuerholz...

nach dem (großstadt)fieber
verzaubern nur die baumeskinder, die lächelnd
dir vom traktor winken.

erhaben fassen zweige
jugend aus den falten...
neue kraft geschöpft
schreibe ich zeilen in den schnee,
laufe neue trampelpfade und
beginne meinen weg...

Sommernacht

hautloses entspringen: nachgeburt
mit (silber)schuppen und lunarem blick
abwärts der zentralen kraft
umgibt mich tiefer raum -
    windbewegt sind seine stöße /
    objektbewegtes immertreiben.

entkernte perlen reflektier'n,
sitzen über'm (dritten) auge...
schnell entfernt sich dieser halt –
unsichtbares einverleiben
und die angst vor'm todesfluss,

der unter kindheitsbrücken strömt.
hier strecken alte riesen
ihre zarten finger aus,
flüstern leise zu mir hin:

du kleine vibration, du kleines
göttliches gekreisel, du kleiner
muskelstrang, der zerrt und hievt -
wir lieben dich. -

so hallt ihr rauschen mondgespiegelt

nacktes (ufer)stehn

Trotz allem...

peitschend treibt der regen her,
verstümmelt jeden zweig & ast – keine
blüten bleiben heil.

widerstand aus stärksten farben,
doch das grau enthauptet sie.

trotz der kalten grausamkeit,
besteht der baum noch weiterhin

V Wenn der Rauch sich lichtet

* *"Ein Gott ist der Mensch, wenn er träumt,
ein Bettler, wenn er nachdenkt. "*

- Friedrich Hölderlin

* *"Ein erstes Zeichen beginnender Erkenntnis ist der
Wunsch zu sterben. "*

- Franz Kafka

Gedanken / alte Träume

zuerst begegnet man den farben, die
zwischen blau und kindheit brennen.
dann folgt laut (&glorreich) der glockenschlag,
der auf einen (zeit)punkt hinweist,

zu dem man sich bewegen will.
wirr / konfus und völlig nackt
schreitet man durch's gelbe feld,
wandert zu dem höchsten hin...

ein rabe stiehlt
die große saat
und der körper rührt sich nicht -
vielleicht ein echo kahl im wind...

doch die ernte ist nun tot...

herkunft bleibt vielleicht verwandt

Wahrheit, dann Aberglaube

ich schreie wie ein kind, das weint.

ich frage wie ein mann, der weiß.

ich hoffe wie der erste mensch, der
 des körpers nun gewahr, im garten
 sich vor gott versteckt.

ich verweile wie ein schatten, der
 von alten farben geht, nur unverwandtes
 mit sich trägt.

ich vergehe mich an mir
     und schau mir dabei leise zu.

wie ein...
ein spiegelbild, das ich zerschlage

          bringen diese scherben glück?

Jämmerliche Weisheit

ich gestehe...
ich stehe
    selten zu mir selbst.
    es gab doch einen bunten fleck,
    der mir schnell sein herz versprach -
    um himmels willen ja...

ich gestehe!
ich gestehe,
    dass es durch die grauen wände
    (sonst) gar nicht viel
    zu sehen gab...außer diesem kleinen fleck,
    der durch den blick
    ein lichtlein war...und ist?

ich vermisse: *aufgeladen*...
welche pole es auch waren,
irgendwie war sand noch fest...vielleicht
gestehe ich,
    dass immer alles schwer erscheint
    und momentane einfachheit
    doch nur frei erfunden ist
    und später
    durch's geständnis weicht...

Schleppend

an manchen meiner tage
         - tage die aus meiner sicht
         ja keiner kennt,
         doch alle so für sich
         (eben diese)
         auf ihre weise
         mit sich tragen -
frag ich mich,
ob ich es bin
der unverletzt & unsichtbar
diesen alltag streng vollzieht.

an manchen meiner tage
         - tage die aus meiner sicht
         ja keiner kennt,
         doch eigentlich
         sind es eben diese
         die verwandtschaft unter häusern
bringt -

frag ich mich,
ob ich noch bin...
(fahnenlos im kollektiv)

Nun verzichte ich wissentlich

erkläre mir das lied vom tod,
damit ich mich nicht fürchten muss.

gibt es eine große tat, im tiefen
etwas mystisches,
wenn alles kalt & nennbar ist?

mondän ist die erschütterung, die
aufgeklärt durch köpfe zieht...
wie wolken: keine schäfchen mehr.

das wunder liegt verwundet da
und die tat, die möglich ist – erosion
durchs definieren

der zeit
der farben
und des lichts.

am anfang gab der geist

uns scham, nun...

Haus

durch dieses alt-vernarbte haus
spricht des maurers traurigkeit

vor gardinen, in den schränken
verweilt der stoff der eingeschränkten:
haut und kleider, blasses pink
durchtränkt mit kühler transparenz
mit so verwandter
schweigsamkeit

unter der fassade
ist wohl nichts mehr kraterfrei
und die balken hinter'm licht
tragen schwerer ihr gewicht
zeigen doch,
dass nur der rost

ein letztes lebenszeichen gibt.

Mein Raum

von schwarzer wolle ganz umhüllt

im raum der atemlosen wände;

kissen, decken : kalt gelassen;

kein licht geht an, kein groschen fällt -

nur zeit, die wiederholt & grässlich neu sich
kostümiert.

Urlaub

über grau & schwarze flächen
dorthin
  wo uhren anders schlagen
              anders ticken, rasseln, meinen,
plagen

  wo tränen sieden, sich verlieren
  und schatten unter palmen liegen.

dorthin
  wo zeit entrissen wird
  und (das) *nichts* beginnt, nur körner zählt -

              kollektiv im sand ersticken
                      im rahmen einer
kläglichen,
                      vermeintlichen
erholsamkeit.

dorthin
  wo äste träumerisch
  im trockenen die bucht umschließen,
  doch ich seh' nur brandgefahr.

Ungenügend

müde stiert das augenpaar
den selbst erwählten pfad entlang.

leise zittert straßenlicht,
beleuchtet meinen stummen schrei, der
über bänke & durch kissen
von oft berührten fenstern spricht -
           dort
           ist meine spur zu sehen...

doch kein glas
führt mich zu dem was fehlt,
kein ebenbild
zu dem der ist,
nur der selbst erwählte pfad
folgt dem, was war
           was wahr sein wird -

straßenschilderloser trott,
unbekannt ins letzte grau.

Stille Kinder

anspruchslose kinderein, doch
die kinder bleiben unbenannt,
schweigsam
bis ein wunsch entrinnt.

glück verzerrt,
so lass sie gehen (!),
um nicht den regen mehr zu brauchen;
   ein tropfen, wenn er übrig bleibt,
   ein tropfen auf verbranntem
stein.

am schluss
steht stets der letzte stein...
hörbar nun ihr ruf im wind -
   drunter ruht bescheidenheit.

Winter

winterfarben ohne tod – nur die
form / veränderung...
allgemein zählt nacktheit nur,
wenn man in den anderen jahren
gerne bunte blätter trägt.

ob eiskristalle sich verlieren,
ob die sonne
kahlheit schöner macht,
oder nachts ein kalter stern
in seiner alten wut erstickt.

man wird die vögel immer seh'n,
die willenlos geflogen sind.

glas...alles glas...(glasgeflügel)

Kein Gedenken

nichts, was täuscht im felsenbeet...
       nur ein unsichtbarer traum,
        der kalt und harmlos unten liegt.

nichts kann mehr herunterfallen – alle
       ziele längst vereint /
       kein atemloses spekulieren.

wo die grenzen nicht mehr sind,
dort beginnt (& endet)
ein neues leben
       ein leben ohne risiko
       ein leben ohne [...]